きみを守る

「こども基本法」

1

不登校

学校に行きたくないきみへ

監修
喜多明人

JN070440

きみがこまったときの味方、子どものケンリ
― 「こども基本法」、子どものケンリでかいけつ！ ―

きみはこれまで「こまったなあ」と感じたことはないかい？

みんなに合わせるのがにがてで、学校に行きたくないなあ…
と、こまっている子。
　友だちから無視されてつらいなあ…
と、こまっている子。
　友だちとあそびたいけれど、お母さんが病気で…
と、こまっている子。
　お父さんが、罰として夕食を食べさせてくれない…
と、こまっている子。

そんな「こまっている子」にとって、強い味方があらわれたよ。
子どものケンリだ。

きみは、子どものケンリという言葉をきいたことがあるかい？

子どものケンリは、子どもが幸せに生きていくうえで、守られることが当たり前のもの、社会でみとめられているものなんだ。

世界の国ぐにが、この子どものケンリを守るよう申し合わせたのが「子どもの権利条約」だ。この条約では、さまざまな子どものケンリがみとめられているよ。自由に自分の意志で学ぶケンリ、あそぶケンリ、休むケンリ、いじめや虐待などの暴力から守られるケンリ…。

2023年には、この条約を子どものみなさんにも広く知らせていくために、「こども基本法」ができた。この法律は、子どもにかかわることを決めるときに、子どもの意見がきかれること、子どもが自由に意見を言うこと、参加すること、そしてその意見が尊重されることなどを、国や都道府県、市区町村の役所にも求めたんだ。

さあ、この本を読んで、子どものケンリを生かし、楽しく、安心して生活できるようにしていこう！

国連NGO・NPO法人子どもの権利条約総合研究所顧問
子どもの権利条約ネットワーク代表

喜多明人

もくじ

この本の見方

この本は、
いくつかのパートに
分かれています。

6ページから9ページまで

身近な事例を
4つのマンガで
しょうかい
しています。

4

10ページから33ページまで

絵(え)を大(おお)きくあつかった、見開(みひら)きで1テーマのポイント解説(かいせつ)です。24ページでひとつの流(なが)れになっています。

34ページから39ページまで

情報(じょうほう)のページです。相談場所(そうだんばしょ)のしょうかい、「子(こ)どもの権利条約(けんりじょうやく)」のしょうかい、「こども基本法(きほんほう)」のしょうかい、などがあります。

最近勉強が よくわからない
ソウタの場合

テストを返すぞー。

4年3組

ギャー ヤダー えー

また、先生に注意されちゃったな。

キーンコーン…

早川、もうちょっと身を入れて勉強しろよ。

はい…。

日(水)日直

最近、勉強についていけない。ぼくだけかな。みんな、勉強のなやみなんてないのかな…？

友だちが
なかなか
できない
みかの場合

まいちゃん、
いっしょに帰ろ。

あっ、うん。

まいちゃんは
ひっこみ思案なわたしに
いつもやさしい。

まいちゃん、
きょう、うち、
来るんだよね？

あ、えりちゃん、
そうだったね。

まいちゃん、
きょうさあ…。

まい
ちゃーん！

まいちゃんは
わたしのほかにも、
友だちがたくさん。

みかちゃん、
ごめんね。

みかちゃん、
また明日ね。

あ、う、うん。
またね。

わたしには
まいちゃんしか
いないのに。

「こども基本法」を知っていますか？

「こども基本法」は、子どもみんなの幸せのために
つくられた法律です。

　「子どもの権利」は、子どもが幸せに生きていくうえで、守られなければならないものです。

　日本をふくめた世界じゅうの国ぐにが結んでいる「子どもの権利条約」では、さまざまな子どもの権利が示されています。暴力などから守られる権利、教育への権利（自分の意志で学ぶ権利）、あそぶ権利、そして、子どもにかかわるものごとが決められるときに「自分の意見を言う権利」も、そのひとつです。

「こども基本法」は、子どもの権利を守ることを目的に、ばらばらだった法律や政策をひとつにするためにつくられた法律です。この法律を進めるためにもうけられたのがこども家庭庁です。

　こども家庭庁は、「こども基本法」にもとづいて、子どもが安心してくらせるしくみづくりを進めています。大切なことを決めるときには、子どもの声をきかなければならないことも決められています。

　この巻では、学校に行かない不登校の子どもたちについて取り上げています。どの子も安心して楽しく教育を受けるためには、どうしたらいいのか、みなさんといっしょに考えていきましょう。

これって不登校？

日本全国で、長期間学校に登校していない子がふえています。

学校に行かない子がふえている

「学校に行きたくない」「学校に行こうとすると、具合が悪くなる」。みなさんはそんなときはありませんか？

小学校、中学校を長いあいだ欠席する「不登校」の子どもは毎年ふえつづけています。小・中学校をあわせると、32人にひとりが不登校の状態だといわれています。

●不登校の子どもの数

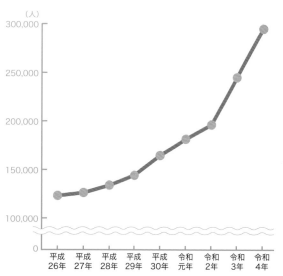

出典：令和4年度『児童生徒の問題行動・不登校等生徒指導上の諸課題に関する調査結果について』より

文部科学省の調査では、2022年に不登校だった児童生徒は、全国で約29万9000人にのぼりました。

不登校とは

長期間、学校に登校しない子どもは、1990年代から急げきにふえはじめ、「不登校」とよばれるようになりました。文部科学省では「何かの理由があって学校に登校しない、登校したくてもできず、1年に30日以上欠席している子（病気や経済的な理由による子をのぞく）」を不登校としています。

さとうさん、今日も休みだな…

不登校はだれにでも起こる

　かつては子どもが学校に行くのは当たり前で、行かないのはほんの一部の子どもだけと考えられていました。

　けれども、これだけたくさんの子どもが学校に行けなくなった現在、だれでも不登校になる可能性があるといわれています。

「なんで学校に行かないの？」

不登校になるのはなぜでしょうか？
その原因や理由は、ひとりひとりちがいます。

不登校の原因はひとつじゃない

「学校を休みたい」と家の人に言うと、たいてい、「どうして？」と、理由をきかれるでしょう。

不登校になる原因や理由として、よくあげられているのが、「友だちとの関係がうまくいかない」「勉強がわからない」「先生と合わない」といったことです。

けれども、不登校になる原因は、ひとつとはかぎりません。さまざまな原因や理由がからみあって、知らず知らずのうちに心がつかれてしまうことがあるのです。

なんで 学校 が

友だちとの関係・
いじめ

クラスでいじめに
あっている。
ほかの子がいじめられて
いるのを見るのがつらい。

どうして？って
言われても…。

毎日いそがしくて
つかれてしまった

学校のあとも宿題や塾、
習いごとでいそがしくて
つかれている。

なぜかはわからないけれど…

学校に行けない理由は、本人にもはっきりとわからないことがよくあります。登校時間になるとおなかがいたくなったり、はき気がしたりすることがあるのです。

家の人や先生から、「なぜ学校に行かないの？」ときかれると、さらにつらくなります。

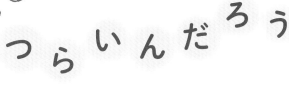

つらいんだろう？

先生がきびしい・
こわい

しかられるのがこわい。
ほかの子が
しかられているのを
見るのがいや。

授業に
ついていけない

勉強がわからず、
席にすわっているのがつらい。
勉強や運動ができないことを
ばかにされるのがいや。

学校のことを考えると
おなかがいたくなる。

15

みんな、いま
何しているかなあ

不登校になった子は、家にいるあいだ、どんな気持ちなのでしょうか？

心は学校のことでいっぱい

　学校を休むと、まずはほっとして、からだが楽になるかもしれません。
　けれども、ひとりで家にいると自然と学校のことを思い出してしまい、休んでいるのを悪いことのように感じたり、まわりから取り残されたような気持ちになったりします。

休んでも、学校や
友だちのことが気になって、
そわそわする。

学校に行かなくてすんで、
ほっとする。からだが軽くなり、
頭痛やめまいがおさまる。

学校に行けない理由は、本人にも
はっきりわからないことが多く、
休んだ理由をきかれるのが、つらい。

お母さんが
休んでいいって。
よかった…。

いまは算数の時間だな…。
友だちに会えなくてさみしい。

先生に「なんで学校に
来ないの?」ってきかれたら、
なんて言おう?

自分が悪いと思ってしまう

　学校に行けないことが続くと、「みんなは学校に行っているのに、行けない自分はダメなやつだ」と思ってしまう人もいます。

　「この先、自分はどうなってしまうんだろう？」という将来への不安も出てきます。心もからだも休まらず、生活リズムがみだれてしまうこともあります。

いまごろどこを勉強しているのかな…。

勉強のおくれが心配になる。
将来進学したり
仕事についたりすることが
できるのか不安になる。

外に出たいな。でも学校の子に会ったらいやだからやめよう。

学校に行っていない自分を
まわりがどう見ているかが気になって、
外に出るのがこわくなる。

ひとりじゃ、やることがなくて、つまんない。自分はもう友だちにわすれられているかな。

不安やあせる気持ちでいっぱいになる。
人によっては、ゲームやスマホに熱中
したり、昼と夜が逆転したりすることも。

明日は学校へ行こうと思っても

朝になるとからだが動かない

ということがくり返され、

ますます苦しくなる。

つかれたら休まなきゃ

心とからだが回復するには、まずゆっくり休むことが必要です。

休むことも大切な権利

　学校に行けないのは、それまでがんばりつづけて、心とからだが
つかれはててしまったからではないでしょうか。
　つかれたときには、まず休むのがいちばんです。

子どもの権利条約

　休むことは子どもの大切な権利のひ
とつとされています（31条）。学校を
休むことは悪いことではありません。

よく休み、食事をとる

しっかりすいみんをとり、ごはんを食べる。
どうしてもねむれなかったり、
食欲がわかなかったりするときは、
家の人といっしょに医師に相談するのも
ひとつの方法。

エネルギーがわいてくる

　学校からはなれてのんびりしたり、好きなことをする時間をとったりすると、心やからだが元気になってきます。

　早く学校に行かなきゃとあせる必要はありません。無理せずできることや、興味のあることを少しずつやりながら、ゆっくりこれからのことを考えてみましょう。

本を読んでみる

本を読むと、学校では会うことができない人の考えにふれたり、広い世界を知ったりすることができるよ。

好きなことをする

ゲームをしたりマンガを読んだり、自分が楽しいと思うことをしてみよう。リラックスできるよ。

できるお手伝いをする

できそうなことでいいので、家のお手伝いをしてみよう。よろこんでもらえると、自信になるよ。

散歩をしてみる

外の空気や日に当たると、からだのリズムが整ってくるよ。

学校に行くのは権利なんだ

不登校になると「なんで学校へ行かないの」と言われます。
では逆に、学校に行くのはなぜでしょうか？

学校に行くのは義務？

　みなさんは、まわりのおとなから「小中学校は義務教育だから、行かなきゃいけない」と、言われたことがあるかもしれません。

　でも、じつは、義務教育の「義務」というのは、「子どもたちがだれでも平等に教育を受けられるように努力しなければならない」という、国や保護者の義務のことをさしています。

　「子どもは学校に行かなければいけない」ということは、法律には書かれていないのです。子どもが学校に行くのは義務ではなく、権利です。

普通教育を保障する義務って

　日本国憲法の26条では、すべての人に教育を受ける権利があること（1項）、親や保護者は子どもが「普通教育」を受けられるようにする義務があること（2項）を定めています。普通教育とは、人間として生きていくために、だれもが受けるべき教育のことで、学校の外でも受けることがみとめられるようになっています。

国は、子どもたちが平等に教育を受けられる場所を用意しなければならない。

学校がつらいのはなぜだろう？

　教育はひとりひとりの能力をのばし、幸せに生きるために必要なものです。ですから、だれでも教育を受けることができるのは、学校のよいところといえるでしょう。

　けれども大ぜいの子どもがいっせいに同じ授業を受けるため、ペースが合わない子もいます。また、集団で行動する時間が長いと、ルールやクラスメイトとの関係など気にしなければならないことが多く、つかれてしまうこともあるのです。

学校のよいところ

さまざまな知識を
身につけることができる。

友だちをつくることが
できる。

行事を通して人と
協力することを学べる。

なじめない子もいる

みんなと同じことを
同じペースで学ぶ。

集団のルールを
守らなければならない。

クラスメイトの輪に
入らなくてはならない。

学校がつらいのは成長のあらわれ？

小学生の不登校は学年が上がるにつれてふえていきます。
なぜでしょうか？

まわりと合わせることが苦しくなる

　小学校の高学年くらいになると、自分と他人とのちがいにびんかんになります。人と自分をくらべて落ちこんだり、まわりとうまくやっていくために、自分の気持ちをおさえたりすることがふえてきます。

　また、自分の考えをもつようになり、先生や親と意見が対立することや、学校のルールに対しておかしいと感じることも出てきます。

教室でなくても勉強はできるよ

「また学校に行きたい」と思っている子のために、
さまざまなかたちでの登校がみとめられるようになっています。

子どもに最善なことを考える

不登校になった子のなかには、「勉強はしたいけど、教室に入れない」という子がいます。

そんな子どものためにおとなたちは「子どもの最善の利益」を考え、教室に入れない子が学校に通いやすい方法を考えてくれます。

子どもの権利条約

子どもにかかわることが決められ、おこなわれるときは、まず「その子どもの最善の利益（もっともよいこと）は何か」を考えなくてはなりません（3条）。

学校のなかのもうひとつの学びの場

校舎のなかに、教室に入れない子がすごしやすい居場所をつくっている学校もあります。行ける時間にそこへ登校して、担当の先生から個別に勉強を教えてもらったり読書をしたりして、自分のペースで勉強できます。

別室登校
べっ しつ とう こう

空き教室で相談員の先生などが
つきそって、勉強をみてくれる。

保健室登校
ほ けん しつ とう こう

短い時間、保健の先生と話したり
勉強したりしてすごす。

ほかにもこんな学び方がある

よくがんばって
いますね。

自宅学習・
じ たく がくしゅう
オンライン学習
がくしゅう

インターネット上の教材を利用
して、家にいながら好きな時間
に好きな先生の授業を選んで学
ぶことができる。クラブ活動や、
海外との交流もできる。また、
学校と同じ授業を受けたい子
は、オンラインで教室の授業
に参加できる場合もある。

どんなかたちで学ぶことができるか、

家の人といっしょに　学校の先生に相談してみよう。

学校以外にも学びの場はある

勉強は学校に行かなければできないわけではありません。学校以外にもさまざまな学びの場、学び方があります。

学校の外も見てみよう

学校にはもどりたくない、学校の授業やルールが合わないという場合は、ほかの場所で学ぶこともできます。フリースクールや教育支援センター、オルタナティブスクール、ホームエデュケーションなど、さまざまな学びの場があります。

子どもの権利条約

子どもはだれでも「教育への権利」（28条）があります。これは自分が望む教育を受けるという意味です。不登校の子どもにも自分が望む教育を受ける権利があります。

フリースクール

好きな時間に来て自由にすごせる居場所「フリースペース」があったり、自然体験や社会見学、ボランティア、調理体験などさまざまな体験を通した学習に取り組んだりできる。学びたいことやフリースクール内のルールは、子どもたちが話しあって決める。

学校に行っていなくても高校・大学に進学できる?

高校進学を希望する人は、学校以外の学びの場に通っていても、進学のための指導を受けて、高校に進むことができます。高校に進学しなかった場合でも「高等学校卒業程度認定試験」という試験に合格すれば、高校卒業の資格がもらえ、大学を受験することができます。小中学校はフリースクールに通い、高校、大学に進学したという人はたくさんいます。

教育支援センター

市区町村の教育委員会が運営している。通った日は、在籍している小中学校の出席としてみとめられる。少人数の教室や、個別に分けられた席で自分のペースで学べる。

オルタナティブスクール

「オルタナティブ」には、「もうひとつの」「選択できる」という意味があり、自由な教育法を取り入れた先進的な学びの場として、世界中で注目されている。

ホームエデュケーション

もともとヨーロッパや日本の上流社会などで古くからあった家庭での学習方法。家庭教師とともに学習したり、自宅で読書をしたり、教材を使ったりして学ぶ。

ほかに、日本語の授業についていくのがむずかしい外国ルーツの子ども向けに、日本語の授業をしているところもある。

話をきいてくれるおとなは
きっとそばにいる

話をきいてくれるおとなは、不登校の子どもの強い味方です。

学校にも地域にも、味方がいる!

　不登校の子どものなかには、「親や先生になかなか気持ちをわかってもらえない」「本当の気持ちを話せる人がいない」と思っている人が少なくありません。でも世の中には、そうした子どもたちの力になりたいと考えているおとなもたくさんいます。

　相談できる人が見つからない場合は、子どもの相談を専門としているセンターに行ってみるのもひとつの方法です。教育相談室や児童相談所といった機関には、子どもからの相談をきく専門の先生がいます。

　「自分が学校に行かないことで、親が悲しい顔をしているのがつらい」となやんでしまう子もいます。学校や専門機関にいる先生たちは、子どもだけでなく親の相談にものってくれます。

学校 学校のなかで味方になってくれる人を見つけよう

保健室の先生

相談員の先生

スクール
カウンセラー＊
＊心の専門家

スクール
ソーシャルワーカー＊
＊学校と子どものはしわたし役

地域 地域のなかでも、たよれるおとなに出会える

児童館の先生

図書館の
司書さん

子どもと活動する
団体のスタッフ

自治体の教育相談室の先生、
児童相談所の心理士

習いごとや
塾の先生

あなたはあなたのままでいい

あなたの人生は、ほかのだれでもない、あなたのものです。
自分のことは自分で決めることが大切です。

「ふつう」を気にしなくていい

　「学校に行くのがふつうだ」と言われると、不登校の子はなやむことがあります。
　しかし、人間はひとりひとりがちがうものです。「ふつう」であることをめざす必要はありません。

子どもは自分にかかわることについて自分の意見を自由にあらわす権利があります(12条)。まわりが自分たちの考えをおしつけてはいけません。

ひとりひとり顔がちがうように、

「ふつう」だと思っていることも

人によってちがう。

自分がやりたいことは何？

　人にはだれにでもいいところ、好きなもの、夢中になれるものがあります。「そんなの自分にはないよ」という人は、まだ見つけられていないだけかもしれません。これから出会う人とのかかわりや学校の外での経験のなかから、気づいたら見つけていることもあるでしょう。

フリースクールでつくった料理を、おいしいねと言われてうれしかった。もっと料理がうまくなりたいな。

保健室の先生に「あなたはやさしいね」と言われた。自分も不登校の子の話をきけるおとなになりたいと思った。

家で本を読んでいて、外国の文化に興味をもった。いつか行ってみたいな。

自分にできること、やりたいことを大切に、

一歩ずつ歩いていこう。

もし友だちが
不登校になったら

最近、学校に来ない子がいる。
どうしたんだろう。

からだの具合が悪いのかな？
勉強のことや友だちのこと、
何か、なやんでいるのかな？

もし明日も学校に来なかったら、
家をたずねてみようかな。
でも、会いたくないようだったら、
そっとしておいてあげたほうがいいよね。

そして、いつかわたしに
なんでもいいから
話をしてくれたら、うれしいな。

自分も不登校に なるかもしれない

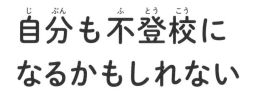

学校生活では、ときどき、何かちょっとした
心がざわざわするようなことがおこって、
つらい気持ちになることがある。

小さな、小さな、うまくいかないことが
つみかさなって、自分も、ある日とつぜん
学校に行きたくなくなるかもしれない。

でも、そんなときは、
思いきって、学校に行くのをやめて、
深呼吸してみようかな。

そういう自分だって、いいよね。

きみの居場所を見つけよう

なやみをきいてくれる人を見つけたい

　全国の自治体にある教育委員会では、学校生活になやむ小中学生の話を心理士の先生が無料できく相談室をもうけています。不登校の子だけでなく、学校に通っている子も利用でき、進路の相談にものってくれます。住んでいる自治体の教育委員会に連絡すると、教育相談室の場所や利用方法を教えてくれます。自治体のウェブサイトにも情報がのっていることがあります。

●調べ方
インターネットの検索画面で、通いやすい市区町村の名前と「教育相談室」、といった単語を入れて検索してみよう。

だれにも知られずに、そっとなやみを相談したい人は
次の電話番号にかけると、
話をきいてもらうことができます。

子どもの人権110番
（法務省）

電話　☎0120-007-110
受付時間　月～金（祝日・年末年始のぞく）／
8:30～17:15

いじめや人間関係などでこまったことについて、相談にのってくれます。ホームページからメールアドレスを登録すると、メールで相談することができます。LINEでの相談もできます。

チャイルドライン

電話　☎0120-99-7777
受付時間　年末年始をのぞく
毎日／16:00～21:00

全国にいるボランティアのおとなが話をきいてくれます。「何を相談したらいいかわからないけれど、だれかと話したい」というときでも対応してくれます。ホームページからチャットでも相談ができます。

自分に合った学びの場を見つけたい

　学校のほかにも、さまざまな学びの場（→ 26・27 ページ）が全国にあります。それぞれの場所ごとに特色があるので、よく調べて自分に合った場所を見つけましょう。

●教育支援センターをさがす

役所では、市区町村が運営している「教育支援センター」（→ 27 ページ）についての情報を教えてくれる。

●フリースクールをさがす

1
家の人といっしょにインターネットで情報を集める。

●調べ方
「フリースクール」「オルタナティブスクール」といった単語と、住んでいる市区町村の名前で検索して、家から近い学びの場をさがす。

2
全国のフリースクールの情報がのった本が出ているので、読んで調べる。

3
フリースクールに通っている友だちがいたら、ようすをきいてみる。

4
気になるところがあったら家の人と見学に行ってみよう。すごしやすいふんい気か、スタッフは話しやすいか、どんな活動をしているのか、たしかめてみよう。

5
いいなと思う場所が見つかったら、おためしで通ってみよう。通ってみて、もし合わなかったとしても、あきらめないで、ほかをさがそう。

「子どもの権利条約」を知ろう

子どもの権利は世界共通

「子どもの権利条約」は 1989 年に国際連合で採択されました。いまでは日本をふくむ世界の 196 の国と地域がこの条約を結んでいます。
子どもの権利は大きく 4 つに分類することができます。

生きる権利

住む場所や食べ物があたえられる。病気やけがをしたときは治療を受けて命が守られる。

育つ権利

勉強をしたり、あそんだりして、能力を高めながら健康に成長する。休みたいときは休むことができる。

教育への権利（28 条）（→ 26 ページ）はここに入るよ。

守られる権利

戦争や暴力から守られる。住む場所を失った子は安全なところで守られる。強制的に働かされたり、危険な仕事をさせられたりしない。

参加する権利

自由に意見を言ったり、同じ考えを持つ子とグループをつくって、社会にうったえたりすることができる。

「子どもの権利条約」についてくわしく知りたい人は、このサイトですべての権利に関する条文が見られるよ。
「子どもの権利条約」第 1 〜 40 条 日本ユニセフ協会抄訳
https://www.unicef.or.jp/kodomo/kenri/pdf/CRC.pdf

4つの原則

「子どもの権利条約」のなかで、とくに重要とされている4つの条文を
しょうかいします。これは「子どもの権利条約の原則」といわれてい
ます。

第2条
差別の禁止

すべての子どもは、本人や親
の人種、国籍、性別、宗教、
障がい、経済状態、意見な
どによって差別されない権利
をもっています。

第3条
子どもの最善の利益

すべての子どもは、国やおとなが
子どもに関することを決め、おこ
なうとき、「何が子どもにとって
もっともよいことなのか」を考え
てもらう権利をもっています。

第6条
生きること、成長すること
についての権利

すべての子どもは命が守られ、
もって生まれた能力をのばして
すこやかに成長できるようにさ
さえられます。医療や教育を受
けるための支援、生活するための
助けが得られます。

「こども基本法」では、
この権利をとても大切に
しているよ。

第12条
意見を言う権利

子どもは、自分に関係のあること
について、自分の意見を自由にあ
らわす権利をもっています。おと
なは子どもの発達の段階に応じて、
子どもの意見を生かせるように
十分に考えなければなりません。

教えて！「こども基本法」

子どもって何歳までをいうの？

「子どもの権利条約」では、18歳未満の人を「子ども」としています。けれども、さまざまな事情によって、18歳をすぎても、心やからだがおとなになりきれていない人もいます。「こども基本法」では、18歳未満の子どもだけでなく、心身が発達のとちゅうにあるひとを「こども」とよんでいます。

「こども基本法」ができてどんなことが変わったの？

国や都道府県、市区町村は、「こども施策」をつくるときには、かならず、子どもの意見を反映しなければならなくなりました。つまり、おとなの考えで一方的に決めるのではなく、子どもにとってもっともよいことを考えて決めます。

いままで、子どものための法律はなかったの？

これまでも、いじめや虐待から子ども守るための法律などはありましたが、ばらばらにつくられていたため、子どもの権利が十分に守られているとはいえませんでした。「こども基本法」は、「子どもの権利条約」にもとづいて、ばらばらだった法律をひとつにまとめ、子どもの幸せを大切にしようとつくられた、日本ではじめての法律なのです。

どんなことが「こども施策」になるの？

たとえば、家が生活にこまっていて進学できない、家族をささえるために休んだりあそんだりする時間がないなど、家庭のなかで子どもの権利が十分に守られていない場合は、社会全体でささえるしくみをつくらなくてはなりません。そのために、学校や病院、地域のおとななど、子どもにかかわるすべての人が協力しあいます。子どもを育てている人をサポートするために相談窓口をつくったり、働きやすい環境をつくったりすることも考えられます。

子どもはどうやって意見を伝えたらいいの？

子どものみなさんからは、意見箱やアンケート、インターネットという方法があがっています。「こども施策」づくりにかかわるおとなも、子どものもとを訪ねて意見をきいたり、会議に子どもをまねいたりすることや、子ども自身がインターネットを通じて自治体に意見を送ったり、自治体のアンケートに答えたりする方法を実施しているほか、もっとみなさんが伝えやすい方法を模索しています。どんな方法でもいいので、意見を出しましょう。勇気を出して、対面で発言することも大切です。

子どもが意見を言ったら「わがまま」って言われない？

たしかに、おとなから見て小さな子どもは、意見を言っても、おとなと同じように受け止めてもらえないことがあります。けれども、「こども基本法」ができたことで、子どもにもおとなと同じ権利があることが、はっきりとみとめられたのです。子どもが意見を言うことは、「こども基本法」で決められた、子どもの権利なのです。

監 修

喜多 明人（きた　あきと）

1949 年東京都生まれ。早稲田大学名誉教授。国連 NGO・NPO 法人子どもの権利条約総合研究所顧問。子どもの権利条約ネットワーク代表。多様な学び保障法を実現する会共同代表（2021 年 9 月まで）。学校安全全国ネットワーク代表。主な著書に『まんがで学習－よくわかる「子どもの権利条約」事典』（あかね書房）、『みんなの権利条約』（草土文化）、『人権の絵本 3 巻 それって人権？』『人権の絵本 4 巻 わたしたちの人権宣言』（ともに大月書店）、主な監修書に『人権ってなんだろう』（汐文社）、『楽しい調べ学習シリーズ 子どもへのハラスメントー正しく知って、人権を守ろう』（PHP 研究所）などがある。

編　　集　　永田早苗
執筆協力　　野口和恵
イラスト　　サキザキナリ
デザイン　　周 玉慧

参考文献
「フリースクールを考えたら最初に読む本」石井志昂（主婦の友社）
「明日、学校へ行きたくない 言葉にならない思いを抱える君へ」茂木 健一郎 , 信田 さよ子 , 山崎 聡一郎（KADOKAWA）
「せんさいなぼく小学生になる」末沢寧史（本の人）
「学校に行きたくない君へ」全国不登校新聞社（ポプラ社）

きみを守る「こども基本法」1

不登校　　学校に行きたくないきみへ

2024 年 1 月　初版第 1 刷発行

監　修　喜多 明人
発行者　三谷 光
発行所　株式会社 汐文社
　　　　〒 102-0071　東京都千代田区富士見 1-6-1
　　　　電話　03-6862-5200　ファックス　03-6862-5202
　　　　URL　https://www.choubunsha.com
印　刷　新星社西川印刷株式会社
製　本　東京美術紙工協業組合

ISBN 978-4-8113-3121-8